So geht's:

Das Beispiel zeigt, wie du mit miniLÜK spielst. Die Übung findest du auf Seite 2 und 3.
Öffne das miniLÜK®-Kontrollgerät und lege den durchsichtigen Boden des Kontrollgerätes auf die untere Übungsseite deines miniLÜK-Heftes.

Nimm Plättchen 1. und sieh dir Aufgabe 1. an. Hier siehst du das Ohr vom Einhorn. Das Wort beginnt mit einem O. Suche nun den Buchstaben O auf der unteren Seite. Lege dann das Plättchen 1. mit der Ziffer nach oben auf den passenden Buchstaben auf der unteren Seite.

So spielst du weiter, bis alle 12 Plättchen auf dem durchsichtigen Teil des Kontrollgerätes liegen und keine Bilder mehr zu sehen sind.
Dann schließt du das Kontrollgerät und drehst es um. Wenn du das bei der Übung abgebildete Muster siehst, hast du alles richtig gemacht.

Passen einige Plättchen nicht in das Muster, löst du diese Übungen noch einmal.

Stimmt es jetzt?
Dann nun viel Spaß!

1
2
3
4
5
6
7
8
9
10
11
12

Wie beginnt das Wort? X

I	N	U	A	T	S
R	M	E	K	O	B

 → O

1
2
3
4
5
6
7
8
9
10
11
12

Was reimt sich?

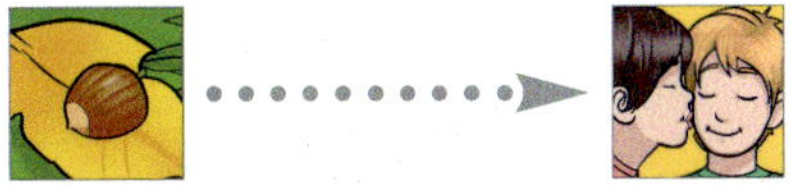

1
2
3
4
5
6
7
8
9
10
11
12

Mit welchem Buchstaben beginnt das Wort? X

E	I	M	R	N	O
K	B	A	S	T	U

 → A

1
A
2
B
3
E
4
I
5
U
6
M
7
N
8
O
9
R
10
S
11
T
12
K

Welches Wort passt nicht dazu? Achte auf den ersten Laut!

O
1
K
2
3
R
4
S
5
T
6
A
7
U
8
I
9
E
10
M
11
N
12
B

Welches Wort beginnt mit diesem Buchstaben?

X

1
2
3
4
5
6
7
8
9
10
11
12

Mit welchem Buchstaben beginnt das Wort?

M	N	A	I	B	R
S	K	T	O	E	U

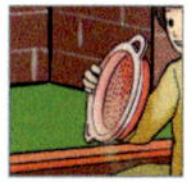 → S

SCHULE
1 K
2 U
3 R
4 B
5 I
6 O
7 M
8 T
9 A
10 N
11 S
12 E
n
e
o
b
s
i

Groß und klein. Was gehört zusammen?

Zebr_
Uh_
a k
1
s b
2
b e
3
i m
4
r u
5
m o
6
n u
7
o s
8
n r
9
s a
10
t e
11
i k
12

Wie endet das Wort? X

r	e	b	m	a	i
t	u	o	k	s	n

a

Tor
Ball
1
Om
2
To
3
Kan
4
Tur
5
Kin
6
Nas
7
Mam
8
Zah
9
Anana
10
Bro
11
KIOSK
Kios
12
Ros

Wie endet das Wort? ☐ ☐ ☒

a	a	s	u	e	n
m	t	k	o	e	r

a

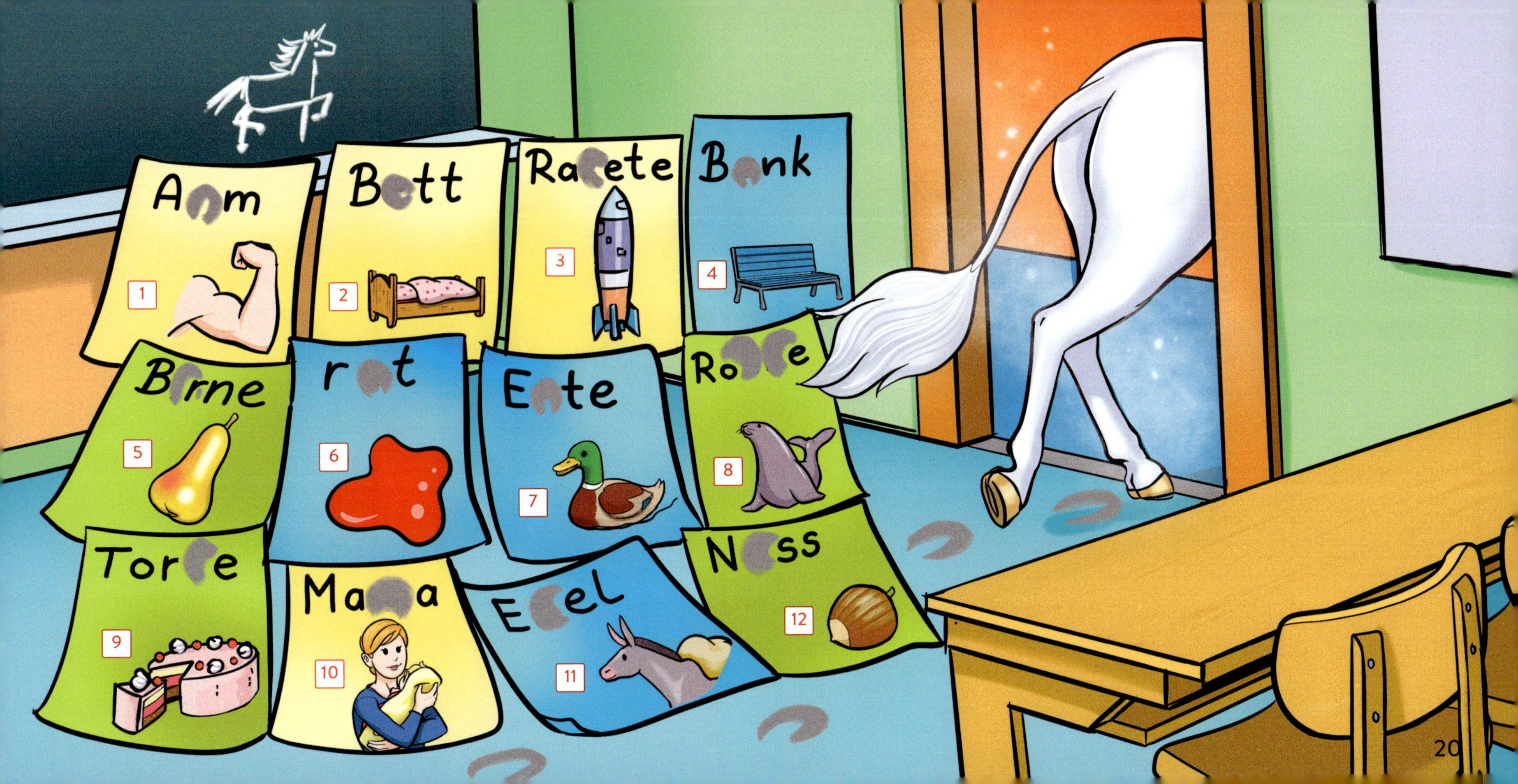
A m
1
B tt
2
Ra ete
3
B nk
4
B rne
5
r t
6
E te
7
Ro e
8
Tor e
9
Ma a
10
E el
11
N ss
12

Welcher Buchstabe fehlt? ☐ ☒ ☐

o	bb	s	i	n	r
u	e	t	k	a	m

r

SCHULE
1 O a
2 No e
3 K mm
4 B s
5 K no
6 S nne
7 A t
8 N se
9 B ot
10 Ana as
11 B sen
12 Ro e

Welcher Buchstabe fehlt? ☐ ☒ ☐

t	o	u	m	r	a
a	s	s	n	e	i

 → m

1
See
2
Rakete
3
Birne
4
Ast
5
Kamm
6
Mann
7
Bank
8
Turm
9
Esel
10
Kasse
11
Nase
12
Tanne

Welches Wort passt? X X

K

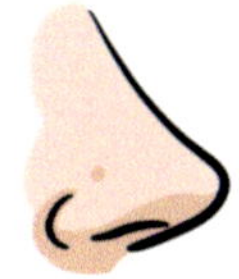

N

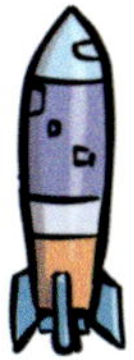

R

M

B

K

B

E

T

T

A

S

S

1
2
3
4
5
6
7
8
9
10
11
12
Alles Gute!

Wie heißt das Wort?

Mama	Bett	Brot	Kanne	Karte	Bus
Tor	Torte	Tasse	Kino	rosa	Nuss

 → Kino

1
2
3
4
5
6
7
8
9
10
11
12